시가 내 마음에 꽃이 되었다

서비아 시집

시가 내 마음에 꽃이 되었다

1판 1쇄 발행 2018년 6월 20일

지은이 서비아

펴낸이 김재선

펴낸곳 예솔

주소 서울시 마포구 양화로 6길 9-24 동우빌딩 4층 예솔

전화 02-3142-1663(영업), 335-1662(편집) **팩스** 02-335-1643

출판등록 제2002-000080호(2002.3.21)

홈페이지 www.yesolpress.com **E-mail** yesol1@chol.com

ISBN 978-89-5916-727-2 03800

* 책값은 뒤표지에 표시되어 있습니다.

시가 내 마음에 꽃이 되었다

서비아 시집

예솔

추천사

문단과 복음방송 그리고 봉사 등 다양한 활동을 하고 있는 가은 서비아 시인이 『시가 내 마음에 꽃이 되었다』을 상재했다. 시인에게는 눈을 통해서만 보는 것이 아니라 영과 혼으로 보는 투시력(透視力)이 있어야 한다. 언어의 예술을 누리려면 영과 혼의 대화가 이루어져야 하는데 영과의 대화를 영성시(靈性詩)로 피워낸 가은 서비아 시인이 우리 곁에 있다는 것은 감사해야 할 일이다.

하늘에서 땅으로, 땅에서 하늘로 이어지는 영의 깊은 메시지를 통하여 독자들과 시로 소통하고 사랑하는 세상을 꿈꾸는 날들이 가은 시인의 시를 통하여 생활화되기를 원한다. 주님과의 대화와 즐기는 시가 이 시대의 빛과 소금의 역할을 한다.

시인의 시에는 하나님 사랑과 가족사랑, 자연에 대한 깊은 애정이 봇물 되어 흐르고 있으며, 시편마다 정교하면서도 깊은 성찰의 메시지가 흐르고 있다. 내면 깊숙이 숨겨져 있는 감성을 솟구치는 주님의 사랑으로 형체를 그리고 있다.

『오늘이란 선물』『어둠에서 빛으로』『기뻐 찬양하리』등의 많은 시들은 시인의 깊이 있는 시선과 관조(觀照)에 의해 삶 속에 깃든 진실의 의미를 나타낸 시들이다. 시어(詩語)가 부드럽고 섬세하며, 시어의 구상이 능숙한 경지에 이르고 있다.

기다림의 미학(美學)으로 엮어 낸 시어들은 결이 부드럽고 고운 색채로 표현하고 있으며, 비유와 Metaphor의 멋이 살아 있고 형이하학(形而下學)과 형이상학(形而上學)의 시어(詩語)를 구사하는 기법이 독특하다.

시인의 시에는 주님의 사랑으로 덧입혀진 애정이 숨겨져 있다. 시어를 찾고자 하는 내면에 영적 메시지를 함축하고 있으며, 치유로 꽃피우는 아름다움을 보이고 있다. 독자들에게 희망의 메시지를 주는 시야말로 현대시가 추구하는 방향이다. 그래서 시가 정신적으로나 육체적으로 피폐해 있는 사람들을 한편의 시로 치유하는 시치료에 까지 이르게 되었다.

시를 쓰는 것은 허공에 하나의 생명체를 탄생시키는 일이요, 씨를 뿌리고 가꾸는 일이다. 영에서 삶으로 이어지는 가은 서비아 시인의 주옥같은 시를 통하여 독자들에게 생수의 강이 될 것으로 확신한다.

시집 상재를 진심으로 축복하오며, 시냇가에 심은 나무가 시절을 좇아 과실을 맺으며, 그 잎사귀가 마르지 아니함 같이 시향 가득하시고 형통하시기를 기도합니다.

2018년 5월 장미가 춤추는 날

다울 최병준시인

다울 최병준시인

문학 평론가, 문학박사 공학박사, 신학박사, 대학교에서 교수, 서울 시인대학 설립자

발문사

嘉恩 서비아의 시를 읽고

지은 것은 집이고, 만든 것은 물건이다. 집은 살기 위해 짓고, 물건은 쓰기 위해 만든다. 그런데 '짓다' 와 '만들다' 는 동사이고, 이 두 동사를 합한 말이 '일하다' 이며, '일하다' 라는 동사의 주어는 사람이다. 사람만이 일을 한다. 이 일이 한자로 사(事)이고, 그 결과가 물(物)이다. 곧 사물(事物)이다. 짓는 일과 만드는 일의 결과가 사물(事物)이라는 말이다. 그런데 사물에는 자연의 사물과 인공의 사물이 있다. 자연의 사물은 하나님이 지으신 결과의 피조물이고, 인공의 사물은 사람이 만들거나 지은 결과물이다. 시는 만드는 것이 아니라 짓는 것이다. 물건이 아니라 집이라는 말이다. 그러면 시는 어떤 집인가. 시는 영혼의 집이다.

창세기는 "태초에 하나님이 천지를 창조하시

니라"로 시작된다. 창조(創造)의 창(創)은 "생명의 없음(無)에서 있음(有)"이 되는 것을 의미하며, 조(造)는 "짓다"의 뜻이다. 그렇다면, 창조(創造)의 의미는 "생명을 짓다"이며, 하나님이 창조하신 천지(天地)는 "생명의 집"이라고 할 수 있다. 그런데 이 창조(創造)는 하나님의 특권이다. 사람은 풀 한 포기나 꽃 한 송이, 작은 개미새끼 한 마리도 창조할 수 없다. 풀이나 꽃, 개미의 모양을 만들 수는 있다. 그러나 사람이 만든 풀이나 꽃은 화분에 심어도 자라거나 시들지 않으며, 사람이 만든 개미는 움직이지 않는다. 생명이 없기 때문이다. 그런데 사람은 "만들다"와 "짓다"라는 동사의 주어이다. 사람은 쓰기 위해 물건을 만들 수도 있고, 살기 위해 집을 지을 수도 있다. 이 말은 "하나님이 천지를 창조하신 것처럼 사람도 '만드는 일'과 '짓는 일'을 할 수 있다는 것을 의미한다. 특히 '짓는 일'에 초점을 둔 것이다. 그런데 창조는 하나님만의 특권이므로 사람의 짓는 일은 창작(創作)이라고 한 것이다. 그러니까 사람에게 창(創)의 특권은 주어졌지만, 조(造)의 특권은 작(作)으로 바꿔주신 것이다. 그래서 인간은 창작(創作)의 특권을 갖게 되었고, 예술(藝術)을 하게 된 것이다. 모든 예술작품은 사람이 지은 영혼의 집이다.

嘉恩-서비아 시인은 "진한 주님의/향기 품어서/아침을 함께 엽니다(오늘이란 선물)"라 하고, "가장 낮은 곳/땅바닥에 바짝/엎드린 냉이와/민들레 쑥처럼 // 발밑에다가/욕심 내려놓으라는 거야/가장 먼저 일어나는 거야/같이 들 손잡고 일어나는 거야/낮은 자가 먼저 피어나는 거야(경칩(驚蟄)"라고 노래한다. 그의 시는 하나님과 함께하는 임마누엘의 집이다. 은혜의 집이다. 모두 와서 은혜 속에서 노래하고 춤추길 바란다.

유승우(시인, 평론가 문학박사)

천거 시

꽃 속에 시가 있다

서서히 침착하면 실언실수 적을시
비평도 교훈 되면 득승희락(得勝喜樂) 많을사
아픔도 감사할지면 행복 꽃이 필레라

꽃 속에 시가 있어 향기웃어 필 때면
글지이 속가슴에 꽃이되어 좋은 생각
얼굴에 피는 행복꽃 향기 그윽 고울레

글지이 그 마음속 피은 그 꽃 시가 되어
꽃 피듯 향기 웃듯 글월 또한 고울시고
펴내는 서비아 시집 만인 눈길 이끄네

아동문학가 : 권희로 목사

(한국아동문학회 자문위원, 상록수 문학회 고문)

차례

2부 행복은 노력이다

3부 당신들 앞에서 울었습니다

5부 꿈을 먹는 아이들

1부

무릎을 꿇을수 밖에 없었습니다

기뻐 찬양하리

저 멀리
주님의 손길
반사되어 오는 그림자

그 모습 사랑에
빛이 되어
나는 나팔 들고
주님을 비추리~

만민에게
빛을 내는 별이 되어

오직 영으로 찬양
호흡으로 찬양하며
경배하며 드릴지어다

등불

수정처럼
맑고 깨끗한
넓은 두루마리

밝은 하늘나라
초록별 무성하니

주님은 내 안에
나는 주님 안에서

훨훨 무지개 되어
천국 에덴동산에서

주님의 깊은 심장
주파수에 맞추어

이 생의 번뇌

고뇌 배설물들은

다 토설하여 내치리라

열매

그리움으로
기다림으로
알알이 맺혀 간다

소리 없는
저 넓은 벌판
비바람이 흐느끼는
철원 속에서도

맑고도 고요하게
주님 말씀
푯대를 향하여
송이송이
맺힌 이슬방울이 되어

파초에 광대한 꿈은
주님이 주시는
희망의 나라로

비바람이 치던
어둠 속에서도
각종 좀벌레와
사투를 벌이면서

이겨낸 성도들의 가치
세상 기억들이
영글어 간다

벌과 나비 스쳐가는
지는 해 고요 속으로

성부, 성자, 성령님과
"입" 맞추면서
아름다운 에덴동산

각종 열매 탱글탱글
만들기 위해
알곡으로 잘 익어 가는
천국 가는 길인 것이다.

쌍무지개가 뜨다

하늘...

저 멀리 길

어스름한

서녘 놀이 풀칠

밋밋한 구름

나부끼는 날

두 팔 벌려

하늘길을 내려놓고

눈이 시린 구름 한 자락

초승달 원반 위에

고이 걸어둔 꽃다발

축복된 통로

주님이 주신

언약의 증표

- 장맛비 끝 서녘하늘
쌍무지개가 떠있는
모습을 보고서

예수님의 첫 기적

물의 결정체
변하는 속삭임

맑은 물
주님의 첫 능력
물을 포도주로
변화시킨 기적

이처럼 확신함
거듭나는 찬미

믿음의 돌파구
영혼의 향기

거듭난 영혼

주님의 피로
나 수혈을 받아
하나님 품 안에서
살고 있네
거듭난 태동
내 마음 주님과
합한 마음이 되어
거룩한 마음
망령된 행실 없이
말씀을 받아
입으로 시인하고
행함의 역사
말씀으로 마음판에
도배가 되어
시냇가에 심은 나무
말씀으로 활짝 꽃을 피워
나는 많은 열매 맺으리

나 헛되이

살아가지 않으리

나의 길은

주님 손 안에서

도담 도담

능력에 힘을 받아

기쁨의 나라

행복한 미소

무소부재 능력의 힘

알파와 오메가 영원한

저 천국에서

살아가는

내 모양이 아름답다

생명의 물

그동안 너무나
메말랐다
목이 탔다
그리웠다 지쳤다
생명이
위태로울지도
비실비실
힘이 없이
죽음이었다
가뭄의 단비
생명의 줄기
생기와
혈색이 돋았다
힘이 솟는다
내 의지
내 힘
내 생각

나의 지식
나의 지혜
모든 것이 헛되었다
생명의 물이 없으면
살 길이 없다
주님의 말씀으로
생기의 맥줄기
힘이 솟는다
생명의 양식
말씀이었다는
것을 알게 되었다

예수님의 사명

호르는
강물처럼
이제는 건너가야 할 다리

십자가 등에 지고
외로운 순례자

한 줌의 목마른
꽃잎이 되어
심판대 앞에 선
한 마리 어린 양

발가벗긴 수치
모욕과 심문을

참아내야 한다는 것은
누구를 위함이였던가

제사장과 서기관들이
윽박지르면서
못 박으소서 못 박으소서

죄인들을 위한 화목 제물
당신의 몸이
드려져야만 했다

굽이치는 피눈물 흘리면서
휘청거리는 등줄기
피멍자국 손과 발 찍힌 채

태양도 슬퍼서
하늘 문을 닫고
천지도 슬퍼서
진동하던 그날
대속자는 고이 잠드시고

이제는 한 마리
흰 백로가 되어
하늘로 올리워 가셨다

가슴으로 몸으로
안갯속에 그루터기로
피어나는 빛 줄기 사랑으로

소망하는 황금 새싹으로
생명의 폭포수로
꺼지지 않은 꽃이 되어

성령의 불꽃으로
다시 피어나셨다.

추수감사

솔솔 부풀어 오릅니다
빛나는 언덕 위에

이른 비 늦은 비 내려놓고
모든 것 소생케 하시는 주님

찬란하게 등불 밝히시며
황금물결 출렁출렁 별들의 행진곡

오색 단장 베풀면서 살아가라
나누면서 살아가라

믿음에 결실 일러 주시며
빨갛게 익혔노라 노랗게 익혔노라
수확에 찬사를 주시는 주님

신비로운 빛줄기 바라보아라
열매들의 행성
가는 곳곳마다 찬양하네

새 노래로 부를지어다
그의 능력을 알지어다
즐거움에 찬사 권능을 펴심이여

여호와를 송축하라
우리에게 은혜를 베푸심이여

이 땅 위에 소산물을 내도다
찬양과 경배 주님께 올릴지어다
감사하라 감사하라 감사하라
수확의 기쁨이여

몽골선교 다녀와서

그리움에 강변
달빛 그림자 실려오는데

먼 나라 비상하는
날개가 되어 창공을 뚫고

황무한 곳에
주님의 복음 씨앗이
싹이 나고 잎이 되어서
물댄 동산 나뭇가지 열매

강변 풀 한 포기가 씨앗이 된 풀뿌리

잔잔한 멜로디 순결한 합성에 찬양
북을 치며 어여쁜 손짓 주님 얼굴 그리며
우리는 다 함께 끌어안고 흐느끼는 눈물

언어의 장벽 있다 할지라도
주님의 그리움 한마음으로 느끼는 사랑
뜨거운 눈물 가슴으로 흘러넘쳐
주님 사랑 서로 서로 느끼는 것은 매일 반 같아라
속삭이는 하늘나라
불빛 등대 순고한 눈동자들
별과 같이 빛나리라

믿음에 선포

마음으로 믿고 입으로 시인하여 의에 이르는 날
천하보다 크신 은혜
행위가 아니고 긍휼로 얻은 선물
누구든지 자랑치 마라

광대하심의 붙들린 자
그의 성호를 부르는 자 선과 악을 구별하고

유정란 무정란 염소와 양
가짜 보석 진짜 보석
진짜 기름 가짜 기름

육안으로는 구분이 안 되는 일이다
과연 광대한 선물을 받았을까
착각은 하고 있지 않는가
거짓 구원도 있다는데
구원은 행위에서 온 것이 아니니
자랑치 못하게 하셨다

죄악으로 막힌 담 허시려고 십자가에서
우리 죄 대가를 지불하셨다

푸른 초장 잎사귀가 마르지 않고
졸졸졸 흐르는 시냇물 목자의 지팡이로
안위를 얻는 자 영접하고 보내심을 받은 자
사망에서 생명으로 절망에서 은혜의 축복을
얻은 자이다

내게 주신 하루

주님이 내게 주신
하루의 선물
내게는 행운이고 행복입니다

잘했다 칭찬보다
빛의 자녀가 마땅히
행할 바를 할 수 있도록

저를 강권적으로
붙잡아 몸과 맘을 잘
가꿔 주시고
남들에게 꼭 필요한
등불이고 싶습니다

주님의 사랑 반사작용
아름답게 가꿔
지극히 작은 싹이 나서
커다란 거목으로
자라나고 싶습니다

아픔과 슬픔 외로운 곳
찾아가 그림자 되어주고
내게 부과된 하루

미움 시기 질투 죄악
헛된 곳에 낭비하지
않게 해주시고

행복을 퍼나르고
양선을 퍼나르고
온유를 퍼 나르고
자비를 퍼나르고
행복의 전사자가
될 수 있도록
오늘도 주님 사랑으로
내 맘 가득 비추소서

남해바다

창조주 생명길
새파란 하늘 그리시고
자연을 펴심이여
주님의 숨결소리
만져보자

쓸쓸한 바닷가
모래사장 거닐면서

황폐했던 마음 털어내자
큰 소리 외치면서

세월 흐름의 박진감
새날을 맞아

큰 소리로 불러보자
심호흡 찬양

줄기차게 외쳐보자
우리들의 기도를

독성이 가득 찬 이땅
토하며 머금은 포리말이
주님의 아픔을 아는지

출렁출렁 넘쳐나는
주님의 사랑의 송가

무던히 참으시는
모래알처럼
사랑의 종소리를
은총의 햇살이
눈이 부시게 비쳐온다

봄

내가 심지 않았지만
온갖 풍물놀이가 가득 차니
나는 가꾼 일 없지만 온갖 동산 속에서

포도원 올리브유 밭을 만들고
라일락 향기 푸른 초장에서
맘껏 숨 쉬는 시온 동산 안에서

여호와 영광 보좌 임하니
난 거기서 안식하면서
해같이 빛나고 있네

천지창조(天地創造)

장엄하여라
태초의
땅이 공허하며
혼탁하며

여호와 신은
수면을 운행하시네

웅장하여라
두꺼운 가스층
표면이 냉각된 상태

어두운데서
환한 빛이 있으라
빛이 나타났고

해와 달 별
낮과 밤 나뉘시고

크시도다
당신의 능력

힘차도다
천지의 모든 만물 들

드러나라
뭍을 땅이라 부르시고
물을 바다다 부르시다

모든 생물
씨 맺는 풀과 나무들
날아왔노라 뛰었노라
보든 것 만드신 후

마지막 하나님의 형상
사람을 만드시고
만드시니 복을 주시며

생육하고 번성하라
이 땅위에 충만하라
찬란하도다 광대하도다

위엄하도다 웅장하도다
능력과 권능의 영광

그를 찬양할지어다
경배를 올릴지어다

이 모든 것 창조자를
알았노라 느껴 노라
감사를 올리옵니다

- 2018.5.11

한 아기가 오신다네

그 맑고 맑은
한 아기가 오신다네

하늘에 영광
기쁜 소식 안고 오신다네

나 가슴 벅차
기뻐서 기뻐 잠들지
못 하겠네

그 아기가
인류의 죄인들을
속량 시키기 위해서
오신다네

그 아기가
희망 - 소망
기쁜 소식 보따리를
가지고 오신다네

하얀 꽃송이처럼
온 천지를 환하게
등불을 들고 오신다네

수정 처럼 맑은
아기 예수가
하늘 보좌 버리시고

하늘 문을 여시고
오시는 날은
12월 25일 날은
한 아이가
태어나 셨네

십자가에서

온 인류의 죄

멸하시려고

대속자로 오셨네

웃는예수화가 홍준표작

어둠에서 빛으로

어둠을 물리 치시는
당신은 누구십니까

내 맘 빗장을 여시는
당신은 누구십니까

내 눈과 귀를 환하게 여시는
당신은 누구십니까

드디어 새 것으로
보수 공사를 하시는
당신은 누구시니까

억압되고 짓눌림 속에 있는 나
내 영혼을 소생시키신
당신은 누구십니까

목청을 높여
기도하게 하시는 당신

괴로움 슬픈 고통을
기쁨으로 변환시키시는
당신은 누구 시 관데

소망 가득 기쁨에
생수 물고를 내시며
이유도 없이
거저 주시는
당신은 누구시길래

희망찬 새 약속을
향하게 하시고

괴로움 함성 다
토설하게 하시고

거룩한 백성
만들어 가시는
당신은 누구십니까

의에 면류관
저 천국으로
입성시키는
당신은 거룩하신
성자 이 셨군요

오늘이란 선물

진 한 주님의
향기 풀어서
아침을 함께 엽니다

창가에 비쳐 비쳐 오는
햇살만큼이나

주님
말씀 꽃이
눈이 부시게
비추어 옵니다

보이지 않아도
늘 내 마음에 계시네
내 입술에는 찬양과
기도를 하게 하시고

당신은 참으로
성자이시며
온전한 자 이 시기에

첩경대로 길 안내자
귀한 신 몸이 되시고

고우신 모습
은혜로우시며
샤론에 꽃 향기

하루를
지피어 내시는
길 동무가 되어 주십니다

2부

행복은 노력이다

마음의 꽃

향기가 피어난다
닫혔던 희망의
혈맥이 펼쳐진다

행복한 미소
내 안에서 보석들이
꽃을 피운다
산과 들에다가
사랑의 꽃을
옮겨 심어야겠다

내 마음에 향기
무지개가 되어서
새들도 날아와서

활짝 마음 문을 열며
팍팍한 세상
안부도 서로 묻고

행복한 은총
모두 다 함께
영원한 미래의
웃음의 꽃 잔치
은택을 함께 누려요

스마트폰

요술쟁이
내 손 안에서

우리 맘을 움켜쥐고서
각종 마술에 이끌리어
충혈된 수정체

몸과 맘을 가져갔다
남녀노소 빠름 빠름

신출귀몰 놀랜 지
오래되었다

영혼들 게임 중독으로
치닫지 않은 것만도
다행 있으리

낭만과 창조
정서 감정은
달아나 버리지나 않을까

자녀들을 위하여 울라

조그만 물체가 손 안에서
놀지만
속임수에 나자빠져

낮에 나온 달빛처럼
흐릿한 모양체
지칠 때까지 힘겨루기

길거리든 전철 안이든
노점상에서든
카톡 카톡 다운타운

전 세계 정보 소식통
내 손 안에 품고
고이고이 내 눈 안으로
아주 작은 신출귀몰이

가시

고슴도치의 가시는
겉에 있어
눈에 잘 보이지만

사람의 가시는
안에 있어
눈에 띄지 않습니다

그래서
어떤 사람에게
어떤 가시가
얼마나 있는지 없는지 알지 못합니다

가까이 다가가
찔리고 피가 나 봐야
그 사람의 가시가 따가움을 알게 됩니다

마음속에 가시가 많은 사람은
하는 말이 뾰족하고

하는 행동이 날카로워
많은 사람의 마음을 베게 됩니다

고슴도치 가시는 살을 찌르지만
사람의 가시는
마음을 찔러 상처를 줍니다..

오늘이라는 예쁜 선물

사람의 가시를
치료할 수 있는
예쁜 꽃처럼

언 마음
녹여줄 수 있는
햇살의 줄기 너도나도
비추이면 얼마나 좋으랴

인간관계란

서로 길을 닦는 관계
아무리 좋은
인연이라 할지라도

서로 노력함이 없이는
멀어질 수가 있어서

좋은 길을
내지 아니하면
이끼가 끼게 되고

그늘에
막이 씌워지면서
검은 구름이
덮이게 되고
미움이란 벽이 생겨
추운 겨울이
올 수도 있습니다

오늘도
내 가까이 있는
사람에게 소홀이
대하지나 않았나
점검하게 하시고

따뜻하고
고운 눈빛이 맑은
강물이 되어
흘러 흘러넘치게

우연의 인연은 1%
서로 노력은 99%인 것을

우리는
서로 깨우치어
먼저 대접받기를
바라지 말고

냉랭한
분위기 조성하는
도구로 내놓지 말고

좋은 인연은
노력의 결과인 것을
알게 하시어

미움의 장벽
함정의 도탄에
허우적거리지 말며
서로 배려하는 마음

아름답고 쾌적한
신선하고 맑은 길 열어

우리 서로 정 나누며

활짝 웃음꽃 피고

복을 짓고

희망을 꿈꾸면서

행복한 삶을 살아가요

삶의 가치(價値)

나!
나쁜 일 도모하는 시간
빼앗기지 않았더라면
나 헛되이 살지 않았으리

나로 말미암아 살맛 난다는
소리 들었으면
나 헛되이 살지 않았으리

남의 가슴앓이를
풀어 줄 수 있는 사람이 되었다면
나 헛되이 살지 않았으리

나로 말미암아 위안을 받고
세상이 감사로 느껴졌다면
난 헛된 삶 살지 않았으리

나 때문에 억눌려 있던 삶이
웃음꽃으로 피었다면
나 헛되이 살지 않았으리

삶의 지혜와 명철이 있다면
궁창에서도 빛같이 빛날 것이요

많은 사람들을 옳은 길로 돌이킬 수 있었다면
별과 같이 영원토록 빛나리라

길

갈레 갈레 갈렛길
아랫길 윗길 먼 길 가까운 길
넓은 길 좁은 길
꽃길 둘레길
곧은 길 꼬불꼬불 가시밭길

마음이 꼬인 길
배려가 없는 무례한 길
심장을 꽂히게 하는 길

매력적 위장으로
포장되어서 나타나는 길

투쟁하는 길
착함과 의로운 길

모든 길은 있을진데

나는 어디로 가고 있는 길인가

그중에 제일 가는 길은

"나는 곧 길이요 진리요 생명이다."

(요한복음 14장 6절)

멸망하지 않는 영원한 영생의 길이 있다

어린이 날

초록색 무성하니
오월에
벌 나비가 그네를 탄다

환하게 웃는 얼굴
새싹이 춤을 추니
곱고도 예쁘다

이 땅위에 희망
밝은 종소리 들려다오

내일의 꿈 나무들아
쑥쑥 잘 자라라

하늘도 눈이 부시게
귀한 아이들아

사랑도 꿈도
좋은 자양 분으로
흠뻑 받아서

영혼과 맘 튼튼하게
지구속에 모든
어린이들아

맘껏 꿈을 피우며 노력하자

예쁘게 아름다운
세상 만들자
고운 향기 피우는 오월처럼

왜목마을

고즈넉한 일몰 일출
다정다감 순수한 불꽃

퍼내도 퍼내도 사라지지 않는 꽃잎
영원히 마르지 않는 한결같이 깊은 사랑

푸른 바다 물결 부서지는 조약돌
나는야 징검다리 밟으며
널따랗게 펼쳐진 푸른 하늘 안고

생명의 씨앗 환해진 저 물결
웃음 짓는 사랑과 꿈을 펼쳐내네

- 충남 서산 당진 왜목마을은 해가 뜨고 지는
곳이다. 퍼내도 퍼내도 사라지지 않는 꽃잎,
떠오르는 해를 가르킨다

별밤을 헤아린다

50년 되던 밤
어둠에 전령
붉은 태양을 삼키고
어릴 적 초롱초롱
별을 헤아리던
고즈넉한 그리움
어디로 갔을까
투덜대는 밤
점렬등 호수 속에
몸을 던지며
풍덩 넘실대는 밤
달님은 속절없이
미소 머금으며
목욕재계 던진 밤

- 어릴적 그 많던 별
산업화 시대 공해로 촘촘한 별 사라짐
안타까움으로 씀

그리움

창밖 너머 바다는
내 마음을 끌어낸다

밝은 날
푸른 장막
마음 문을 열며
내 마음을 만든다

정겨운
님의 목소리
수많은 지난
추억들이 알알이
조약돌이 되어

밀물 썰물 되면서
드리워진 추억의 그림자

파도 소리를 타며

허전함의 공간

그대 목소리인가…

노고단 사랑이여

아름다운 산새
꿈처럼 펼쳐진
화폭
천지창조
몰고 온 바람아

구름 안개 몰려다가
기약 없이 왔다가오
아—내 사랑

옷자락이 나부끼는
언덕 위에 서성이며
심호흡하며 외쳐본다

지리산 굽이굽이
긴 전설 불꽃 사람들아

한줄기 빛이
동방의 꽂으로
우뚝 솟는구나

사랑을 듬뿍 담은
깊은 의미의 여행길

해돋는 아침
잊지 못할 천왕봉

이— 긴 낙원길
모퉁이
정상 머리에서
끌어안는 넉넉함으로
저 넓은 해원으로
이제 가겠소
내 사랑

- 여름휴가 때 가족들과 지리산 여행하고
돌아오는 길에

어머니의 단상(斷想)

한배를 타고
오랜 가뭄 황톳길
비바람 휘날리는 날

고운 손 접어
맑지 못한 머릿결
자녀들 허공 속에 눈물

허리띠 날리며
들녘으로
허기진 저 길…

순결하시고
고우신 어머니
三從之道

꾸역꾸역 좁은
선비의 길
섬겨오신 부부 이름표

자녀들과
놋다 한 사랑은.....

현저히
춘사월은 오고 있는데

복사꽃은
한가롭게 만발하는데

후벼 파 내는 내 공간
마디 마디 눈물 어리며
그리움만 자아내는구려

회갑(回甲)

흐르는 물결
꿈을 안고 이 땅 위에 태어나

광야 같은 길 수반하면서
길고 긴 석양 길로
강 물결 따라 뚜벅 뚜벅

주님을 만난 반 때를
걸어 나온 나무는
파란 하늘 창공 너머
찬란한 태양 눈이 부시게 비추이며

꺼지지 않은 모닥불
숲을 이루고
주님의 자녀가 되어

이제 남은 길 옥토 밭 일구며
주님 말씀 씨앗을 뿌려
어둠을 여는 밝은 빛

주님의 능력을 받아
이세 후로는 의에 면류관
축복된 대로의 길 걸어가리라
주님 발자취 따라가리라

둥지

맑은 날
창공 하늘에 펼쳐진 쌍무지개
축복된 양산 하늘에 걸쳐
큰아이 작은 아이 둥지를 틀고

두 아이 가정에
주님의 은총이 쏟아지던 날
밤하늘에 별빛이 총총이 흘러넘칠 때
손자 손녀들 잉태시키어 태어나게 하시고

성령님 방패막이 주님의 기둥 아이들 건강
지켜주시며
주님의 운하가 지혜와 명철 양산시키시네

두 아이 건강한 가정
주님의 나라 일궈낸 빛나는 새벽별
늘 웃음 꽃이 만발한
행운의 길잡이들 부부애가 넘실넘실

아름다운 꽃동산 쉴 만한 쉼터
함박 웃음꽃이 만발한 축제의 함성 메아리가
기뻐하며 찬양하며 춤 추며 춤을 추면서
주님께 영광 보좌 들려주는 귀한 가정
눈이 부시도록 비쳐온다

어머니 은혜(恩惠)

어머님 살아 계실 제
그 고통 외면했네

그동안 시름시름 매서운 속앓이 살아내시면서
한 허리 불끈 동여맨 몸뻬 바지
고운 손 흐름의 인고
옹이박이 까칠한 손 도닥도닥
바르게만 자라주기만
기대하신 순결하신 어머님

그동안 어머니 심정 흐릿한 촛불 같았건만
내 나이 중년 넘을 무렵 자녀들 출가시켜 보니
더욱더 어머니 삶 돌이키게 되네

태산 같은 보릿고개 굶주리는 자녀
채워주지 못한 가슴
애절한 그 아픔을 내 이제사 알게 되었네

질병으로 뒤뚱뒤뚱 불편하신 몸이 되어
먹을거리 찾아 들로 산으로 나선 우리 어머니
한평생 안식처가 서러운 자리가 되었었나요

봄볕 더위가 있을 법도 하였건만
중년이 넘나드는 이승의 그림자
돌담길 돌며 하늘 위로 안치하셨네

가연(佳緣)

따뜻한 햇살
하나님의 은총
우리는 일어나리

꽃처럼 아름답게
나의 사랑 어여쁜 자와
가정 만들어 주시는 날

두 손 모아 가지런하게
둘이 아닌 하나 되어

서로 돕는 배필

당신 마음의 추위가 오면
우린 서로 따뜻한 난로가 되어주고

비를 맞아 마음이
젖었을 때
우린 서로 웃음이 되어주리

나의 사랑 어여쁜 자야

매 순간 세상이 변할지라도
당신은 언제나 내 사랑이오

원앙금침
오색불 빛 가득한
봄 내움
우리 마음 걸어 두고

백년해로 일편단심
나의 사랑 어여쁜 자와
하늘나라 꽃피어내는 동산 이루리…

3부

당신들 앞에서 울었습니다

빗장 문 / 슬픈 단상(斷想) / 광복절(光復節)

독도는 우리 땅 / 평창 동계올림픽

나라를 위한 기도(祈禱) / 한복의 미학(美學)

독도 등대지기 / 나라의 이름표

울릉도를 가다 / 남북 정상 회담 / 귀향(歸鄉)

빗장 문

하늘은 맑고 고요하다

새들은 막힘 없이
날아다니는데

홀씨도 막힘이 없이
갈 곳을 찾아서
저들은 웃음꽃을 활짝
피우고 있는데

우리는 붉은 벽 때문에
오갈 수 없는 섬이 하나 있다

두 손 팔 벌리며
잡힐 거리 같은데 지천에 두고서
건너편 산등선
어귀도 보이고 보이는데

왜 눈물을 흘려야 하지
보고 싶은 사람들이
서로 만나면 되는 것을

그리운 부모님
보고 싶은 처 자식
만나면 되는데

알콩달콩 웃음꽃
피우면서 살아가며 되는데

생존해 계실까
새끼들은 잘 컸을까

형제들은
어디서 살며
무엇을 하면서
지내고 있는가

흰 줄기 세포가
끊어진
쓰라린 가슴에 통증
지나온 세월들

원인은 서로 사고
생각이―다르다 하여

총칼을 겨누었다
철창 대문 보다도
강한 것이 이념
사상이란 말인가

70년 동안 아직도
무너지지 않은 장벽
기가 막히다

이제는 먼 둥이 떠오른다

희망의 통일
꿈에도 통일
무지개 꽃잎은 피어날 것이다

미래를 밝히는 등불
내일의 화합의 불
이제는 손에 손잡고 피어낸다

- 강화 평화전망대 올라서서
건너편 북녘 땅 바라보며

슬픈 단상(斷想)

언론에 흥분된 함성은
칼바람이 분다
폭풍한설 어둠에 꽂힌 꽃

"촛불" 뜻
내 몸을 태워
어둠을 밝힌다

아주 작은 꽃
그 진실은 왠지 향내가 없다

위성의 종소리
때문은 아닌지?

순수한 민중
거리로 내몰린
볼멘소리

진실 전광판은
보이지 않았는데

휘몰이 자진모리
더덩실 불꽃 춤

이 동네 저 동네
울어대는
마당놀이 울분

순수한 어린아이들
디딤돌 몰이 장단
어른들 춤 솜씨
탈을 쓰고서 춤을 춘다

"뭘" 알고서
추는 춤일까?

댕기머리 풀고
들쑥날쑥 없는
추임새 범상치가 않다

옥 같은 아이들
이 땅을 이어나갈
귀한 보배들
굴레를 벗어난 탈춤인가

"안국선"의 (금수회의록)
사람들이
제일 어리석고
제일 더럽고
제일 괴악스럽단다

군중 폭등
전파 매체를 타고
취한 술

순수한 민생은
변별력 실추된 것인가?

폭동의 숨소리
어린 생명들과
어울지는 사악 놀이 불꽃

광복절(光復節)

외치었노라 찾았노라
고장 난 하늘
쪼그라들었다가
펼쳐진 들판

달 밝은 하늘
푸른 창공
새들 노랫소리 들려온다
환희에 찬 숨소리
활짝 피었다

흐르지 못한 시냇물
빼앗긴 들 모진 고통
뻥 트인 상큼한 바람

샘솟는 판타지에
꽃이 피었다

내 나라 내 조국
다시 날개를 달았다

승리의 태극기
이름표를 달고 외쳤다

기도하는 손길
광복의 날 활짝 폈다

독도는 우리 땅

세상 이치는
맑고도 고요한데
맑은 하늘 아래 웬 말이냐

동방의 작은 내 나라
골리앗 외세
공포의 총칼 들이 대던 날

빼앗긴 조국
피값으로 그루터기 되어

허허로운 저 벌판 속에
길을 잃고 헤맬 적에
실의 속에 굴하지 않고

허리띠 묶어
새마을 정신 깃대 세우고

스러져간 내 조국
챙기기 바빠
어린것 돌아볼 겨를도 없이

훌쩍
70년 새 역사
숨 막히도록
경제대국 일궈내는
눈 돌리는 사이

울릉도 동남쪽
일령이 나타나
위선 거짓 속
남의 아이가
제 자식이라면서
앙탈 부리는
저기 저 모습이 가엾어라
청승 스럽구나

꿋꿋한 대한민국 기세가
심층적으로
새겨져 있는 독도

말 못 하는 아다다
새들과 벗 삼으며
온갖 난파 비바람에도
굴하지 않았건만

말 못 한다고
거짓 혓바닥으로
유괴의 덫

솔로몬 심판 천상에서
웃는다 독도
한국 땅이라고
독도는 대한의 나라 땅이란다

평창 동계올림픽

새 노래로
부를찌어다

우리에게
恩寵(은총)을 베푸심이여

평창 동계올림픽이
3회 공들인 끝에

誘致(유치)에 성공하고
閃光(섬광)에 화려한 불꽃

하늘을 펼쳐
온 世界를 수놓을 것이다

그동안
갈고닦은 技倆(기량)
카운트다운

내일을
향하여 맘껏
蒼空을 휘날리며

보물 같은 귀한 시간
승리의 勝戰鼓(승전고) 울리리라

온 나라
세계 속으로
화합의 축제

平和의 성화 불
피워내리라

눈꽃 香煙(향연)
煥喜(환희)의 讚歌(찬가)
閉幕式 (폐막식) 후에도

온 나라와 나라
손에 손 잡고
우리 모두 한마음

활활 타오르는
불꽃으로 꽃을 피우리

평창 동계올림픽은
온 세계 평화 속에
祝祭 한마당 되리라

- 평창 동계올림픽
30일 앞두고 쓴 글

나라를 위한 기도(祈禱)

위정자들이
서로 이권 다툼
깔지 말게 하소서

이 땅에 선조들이
피값으로 세운 내 나라

좀 먹고산다고
자만 떨지 말게 하시고

선조 임금, 글
"괴산 달아
통곡하며
압록강 바람이
상심하는도다
근신들아 오늘 이후에도
또다시 동인 서인
나누어 다툴 것인가?"

죽이기 작전 싸우지
않게 하시고

잘한 것은
잘했다고 서로서로
칭찬도 해주면서

왜 그리 미숙한
부분만 가지고
들추어 내고 내며
미약한 부분이 어디 없으랴

"속담"
"쌀 먹은 개는 안 들켜도
쌀겨 먹은 개가 잡힌다"

“아름다운
구슬에도 티가 있다”

이념 때문에
두 동강이가 난 나라
무너지게 하시고

정직하고 정직한 영
허락하소서

훈풍 바람 불어와
손에 손잡고
화합하고 화합하는
돛단배

따뜻하고
행복한 내 나라
만들어 이끄소서
주님의 이름으로
기도합니다

한복의 미학(美學)

여명을 밟는다
하늘을 날을 듯이
길게 뽑은 芙蓉(부용)
깃대 세우고
학 날개 선을 그려
풍경을 드러낸다

먹구름 삼킨
오색 색동저고리는
만개된 함박웃음 속에
고달픈 삶 드러낸다

새날을 열고 눈 위에 찍힌
흰 발자욱
살포 살포 옮겨가면
선줄기 따라
나붓 나붓 용춤을 춘다

옷깃을 끌어올린
하얀 목련화
사속 지망(嗣續 之望)
열가락 복식(腹飾) 선
전통의상은 國外를 펼친다

* 부용: 연꽃을 가르킴

* 사속 지망: 대를 이을 희망

* 복식: 옷의 꾸밈새

독도 등대지기

동남쪽 성읍 반석
내 나라 불철주야
평화와 안녕을 지키며

독도의 파수꾼
시달려온 외세
마땅이 지켜 내야할

우리의 터전 선대로부터
이어온 내 땅
우리는 보전 하리
은혜를 베푸시는
천상천하 하나님

마음에 춤을 추며
옳은일 행하리라
복된 소망 희망의 다리

돛단배
항해하는 새 소망
평화를 알리는 독도 품어내리
당신들의 손길
빛나는 언덕 위에 꽃을 피우네

- 독도에 가보니 외로운 섬을 지키는
우리 대한의 아들들을 보며

나라의 이름표

지키겠다 세우겠다
대한민국 태극기

저 우거진 관청 교내에서도
절기식 행사 때에도
나라의 경축 생사고락을 함께 해 온 이름표

그 앞에선 단정히 깍듯이 함께 해 온 이름표
차려 경례 나라의 안녕을 기원하며
애틋한 국민성을 묶는다

나의 조국 나의 사랑 대한민국
한마음 한뜻
지극히 작은 것부터 잘 지켜내야
평화를 부를 자격이 있다

내가 태어나고 자라온 내 나라 행복한 나라를
위해 우리 모두 함께
합심하여 평화와 화합을 피워내자
우리의 이름표 온 세상에 휘날리자

위대한 애국심이 이 나라
영원한 기틀위에 튼튼히 세워놓고 휘날리는 것이다

울릉도를 가다

숭고한 역사 신비의 섬
거기 있다기에
육지에서 실어 나르는 카페리 호
급물살 이겨내며
나는 듯이 휘젓는 뱃노래

빵빵한 멀미에 취한 승객들
남녀 노소 대상이 없이
춤 솜씨가 범상치가 않다

이동할 때마다
덩실덩실 춤을 추며
중심을 잃고 힘 빠진 다리
휘청휘청 비실비실
심기가 불편해 보인다

저 멀리 뵈는 울릉도
거룩한 곳 아름답다
그윽한 천연의 풍광
갈매기떼들이 숨을 쉬며 노니는 그곳
적도항 촛대바위 코끼리바위
멋지다 만남의 기쁨
울릉도는 기다리고 있었다 우리를

남북 정상 회담

하늘 문을 여시는 주님
넓고 넓은 길로 날고 싶다

지나온 시련
꽃으로 피우리라
희망의 종소리 드높이신다

이날이 얼마였던가
이념의 벽이 무너짐이 얼마였던가
그동안 기도와 우리 국민의 노력이
알알이 맺혀 나갈 것이다

맑고도 고요한 평화의 등불
맺힌 이슬방울들이

원대한 꿈 희망의 나라로
평화의 나라로

각종 시련에 사투 이겨낸 평화
이제는 한마음으로 돌아오리라 알곡 차게

우리 국민들은 꽃을 피워낼 수 있다
얼마나 울면서 기도했던가

피어오른다 무너진 다리
남북 정상 한 자락 역사의 꽃이
켜켜이 쌓아 올린 우리의 힘

빛나리라 해와 달 별 한 하늘이 만났다
손에 손잡고 골든벨이 울렸다

귀향(鬼鄕)

불도저 크레인에
몸을 싣고
어디로 가는 거지

여기가 어디지
천진스런 어린 소녀
두리번거린다

가시에 찔린지도 모르고
着錮(착고)에 채인지도
모르는 어린 나이

공포의 그림자
더러운 물에 몸을 담근다

칠흙 같은 어두운 골방
내 손목 좀 잡아주오

맥박조차 숨을 죽인다
절망으로 치달아 날아간다
날 수 없는 심장박동

생명의 근원지
찾아 헤메이는 영혼
태어난 아침안개
허공을 그리며
살아보자

헝클어진 운명
엄마 엄마 무서워요
긴 긴 터널

영과 혼 살라먹은 그 자리
몸을 맡긴 채
나비가 되어 그리운
고향 산천
내 나라
산을 넘고 넘어
바다를 건너 건너
찾아왔네

- 정신대 할머니
'귀향' 영화를 상상하면서

4부

자연은 변함이 없다

봄 마중

연초록 향 촛대
지피던 그날

봄 내음
물보라 되어

푸른 하늘
분필 칠하고

순풍 바람
콧등 스칠 때

어디선가
들리는 님의 소식

저 산 너머
오시던 날

기다림에
징검다리 걸터앉고

강 나룻배
봄 냄새 살포 살포
뿌리면서

내 마음 마중길에
연등 행렬 밝혔네

소식에 젖어

메마른 쓸쓸한 들녘
대지는 따스한
체온 조절

실크로드 재촉하며
살랑거리는 아지랑이

힘겨움 겨울
노래가 있었고

천상의 약속
아름다운 향기가 되어

영혼의 인연은
꽃을 피우고

그리움에 정염
영롱하고 울긋불긋
무지개가 되어 펼쳐내고 있네

시샘하는 봄

그냥 떠나기엔
미련 때문에
너무나 아쉽고

이대로
내어준다는 것은
너무 허전해서

봄소식을 너무
좋아하는 것

자꾸만 샘이 나고
심통 내고 싶소

심통 나서 목놓아
울어도 보고

하얀 마음이라고
드러내고도 싶고

억지 소리로만
듣지 마시오

나를 잊지 마시라고
불러본 꽃샘추위라오

경칩(驚蟄)

봄으로 가는 날개
거저 오는 게 아니야
봄으로 가는 길은
멀고 험난한 길이야

눈발이 밀려온다 해도
이 길을 가리
시샘 추위가 온다 해도
그 길을 가리

하고 싶은 말 모두
토해내라면서
쌓아두었던 미움도
모두 내려놓으라면서

듣기 싫은 소리
모두 받아들이라면서

가장 낮은 곳
땅바닥에 바짝
엎드린 냉이와
민들레 쑥처럼

발밑에다가
욕심 내려놓으라는 거야
가장 먼저 일어나는 거야
같이들 손잡고 일어나는 거야
낮은 자가 먼저 피어나는 거야

봄을 여는 이 아침

간밤의 이야기
옹알거리는 이슬비 되어

물줄기 가슴으로
숨 들이며

마른 가지 끝자락
촉촉한 아기 눈물방울

적막감 숨소리는
얼어붙었던 나뭇가지
몸 풀기 연습시킨다

이슬비 편지

이슬비는 봄소식
무지개를 피워낸다

젖 뗀 아이가
엄마 품속에서
튕겨 나오는 이야기다

비발디
사계절 Spring 이야기다

간밤에 옹알옹알
물줄기 심호흡
품어내는 이야기다

나뭇가지
끝자락 부딪히며
몸 풀기 연습시키는
물방울 소리 이야기다

봄날의 왈츠

봄날은 보드라운
새순이 웃음 짓는 속삭임

봄날은 꽃이 피며 나눠주는
마음을 춤추게 하는 속삭임

맑고 신선한 숲을 만들며
새들도 여기저기서 노래하며
시냇물도 졸졸졸 미소 짓는 속삭임

즐겁도다 확 트인 봄 속의 향연
그 길을 마냥 걷고 싶다
발걸음도 꽃을 피우려 한다

점점점 가득 가득 차오르는
따뜻한 마음들이 풍성해진 부푼 향기

해맑은 미소
너도나도 예쁜 마음들
초록물결 쏟아지는 속삭임

울긋불긋 봄잔치 참 예쁘다
즐겁게 해주니 고맙다
기쁘게 해주니 감사하다

비상날개를 달아주는 너희들 앞에선
나는 새 노래를 부른다

사월

봄 냄새 향기
춘풍은 가지를 흔들며
아기순은 솜털을 내며

겨우내 눈 속에 박혀
세상 구경 나와
기지개 펼치는 언덕 위에

진달래 산수유
꽃잎을 띄우면서
하품하는 소식
새 노래 소리꾼
봄소식에 앉아서 우노라

오월 잔치

싱그러운 봄
곱게곱게 가득
차려놓은 만찬상

듬성길 너머
여름 길
보이는 언덕 위에
한적한 오후

수양버들 휘늘어진
빛이 나는 호수 길섶
라일락 꽃잎 하나가
물결 위에 내려앉은다

눈물이 나도록 맑고
풍성한 푸르른 언덕 이에
여유롭게 저미며
풍기는 풀 냄새

어디선가 뻐꾸기 소리
들려 주던이

지나온 세월에 잠기며
난 무엇을 남겼을까

아름다운 오월처럼
이뻤으면 얼마나 좋을까

청 보리밭 지나온 세월
저 높이 솟은 교회 종탑

나의 빈터를 비추이며
다가오는 미래
진한 속 울림 깊어진
내 하나의 그림자

소만(小滿)

산과 들 푸르게 푸르게
어제 내린 빗물 줄기

목욕하는 여인네
푸른 치마 물들여 들쳐 입고

풍만하고 소담스런
히뽀얀 젊은 처자 젖 가슴
수국 꽃송이 이쁘기도 하여라

6월

유월의 항쟁
마음에 꽃을 활짝 피워
웃음과 행복 가득 안고

푸르른 바다 이루듯이
우리도 넉넉한 마음 되어
유월에 강렬한 햇살 받아
마음도 몸도 훈훈하게

가득 가득 채워서
열기에 반사 작용
풀풀 나는 향기가 되어

모든 사람들과
기쁜 일 좋은 일
형통함을 쟁반에 담아
이웃들과 나누어 갖자고요

오늘도 모든 이웃들과
탁구공 핑퐁 되어
사랑의 홑씨 날려 보내는
유월달 만들어요

여유(餘裕)

만삭이 된 여름날
풍광이 어린다
자드락 산맥 줄기
둘러친 호수 길 걸으며
풍덩거리는 청둥오리
자맥질 하며
한가롭게 노닌다
두 팔 벌린 나무
통성의 기도 소리에
내 마음 기댈 곳을 찾아
나는 그 그늘 아래
벤치에 몸을 기댄다
또로록
나뭇잎 하나가
내 어깨를 두드리며
발밑으로 굴러 내려앉으며
쉬고 싶어 하는

그 자리에서
깊은 잠속으로
빠져들어 가고 있는 것 같다
건너편 개울 물가에서는
바람을 타고 내려와
두리번 두리번
백로 한 마리
절벙 절벙 깐닥 깐닥
목을 내밀고
콕콕 먹잇감을
노리는 듯하더니
휘오리바람처럼
쏜살같이
달아나 버리는
너의 뒷모습이

숨어 오는
내 동공을 타고
내려와
마음 한 켠에
씁쓸한 쓴맛 한 덩어리
남겨 준다

차가운 거리가 그립다

오고 가는 물결
숨막히는 저 거리
이제나 저제나
이놈의 기세는
꺾일 줄 모르네

연일 기상청에서는
37~38℃
기라성 같은 아우성
울렁증이 일어난다

타들어가는 아스팔트
젓가락처럼 휘어져 가는 열기
겸손할 줄 모르는
어리석움은
기세가 등등 세울 줄만 아는구나

등줄기에선
연일 계곡물이 흘러내리는데

쉼표를
잊어버린 것인가

애꿎은 선풍기만 가지고
진종일 씨름판이다

선풍기는
쉬지 않고 일하는
시곗바늘이 되었다

저러다가 쓰러지면 어떻게 하나
타들어 가는 열 덩어리
몇십 년 만의 더위라고

태풍소리라도 좀 울려라

들꽃작가들에게서
잔소리 듣고
쏟아지는 빗물 줄기에게
얻어맞더니
조금 누그러졌다

처서는 열매를 싣고
오색 물감 화가들도
조만간
회의소집이 있을 것 같다

나이아가라 폭포

먼 길 찾아
길 떠난 나그네
날개를 펴고

광명을 찾아
희망의 화신 져

물보라 피어내는
징검다리를

들판을 걸어 나온
부서지는 바람소리

흐느끼는 비애
너울진 치마폭

뭉게 뭉게 피어오르는
고조된 목소리

스키 타고 이어지는
스쿠버 다이빙

별빛 조각구름 타는
천 길 물속에서
섬광 빛 피날레
무지개 타고
멜로디 트럼펫 연주

비가 내린다

빗방울 숫자 만큼
꽃잎은 낙화한다

풍성한 꽃잎들은
자맥질을 하면서
바닥이에 내려와 앉는다

떨어지는
꽃잎을 보고
구슬퍼 더 힘차게
쏟아지는 빗물

꽃 이파리 들은
인몰 되어 다시 피어나리

2018.5.17

장맛비

주룩주룩
하늘에서 내려오는
은총의 담수물이

어두운
경적 소리와 함께

꼿꼿한 장대비
흐벅지게 내려 꽂힌다

축복도 은혜도
메마른 가슴에

촉촉이 넘쳐흘러
풍성한 마음
옷깃을 적시며
마음도 적신다

은총의 등불
출렁거리며
펼쳐진
다리가 되어
너도나도 건널 수 있는
넉넉한 강물
축복이 되어라

소낙비

여름날 적막감이
가득히 깊은 밤
창문 밖에서

바람을 싣고서
요란스럽게
천지진동 울릴 적에

날카로운 빗살 무늬

장대 외줄타기
창틀에 내리꽂히며
뚜벅뚜벅

어디서 오는 손님이신가
따닥따닥
양철통 치는 소리인가

잠 속인가 벗어나
이어 두드리는 소리

이 내 몸 망설임
깊은 시름 할 적에

노낙 또닥 또닥
그 옛날
어머니 방망이
다듬이 소리인가 한다

레일 바이크

성광이 일렁이는 가을 속
광촌역은 도란도란
가을 속삭임
레일 바이크에 행복을 실었다

어디로 나는 것이냐
구름 속으로 사차원으로
레일은 나를 당긴다
두 발은 휘적휘적 휘저으며
가을 장식 전시장
화폭을 그려 놓고
아름답다 눈이 부시다

가을걷이
조릿대 반사작용
붉게 타오르는 풍광
어디론가 가고 있다

김유정역 아 싸 한 찬바람몰이
콧등을 후비며 인생역정 길
노을져 가는 한 잔의 술
낭만의 월계관
은하계 구름 타고 간다 간다
인생의 종착점
꿈도 싣고 희망도 싣고
석양으로 나는 달려가고 있었던 것이다

- 가을 문학기행을 위해 남이섬에 들렀을 때
김유정선생님기념관에 가기 위하여
레일 바이크를 타면서

동호바다

지릿한 여름날
실바람을 타고
임산부가 되어

입덧을 머금으며
토하며 뱉고 뱉고

산 고통 후
갯지렁이 모시조개
대합 백합
새 노래 물결

잔잔한 투망
숨결 내리며

모래 뻘 지평선

만리포 엮어놓고

떠나가는 그리움

- 고창군에 있는 동호바다에서

재촉

가을걷이 벌판
가자면서 비가 내린다
메마른 가슴을 적시며
슬픈 노래가 되어 내린다
비가 오는 날에는
지난날 그리움이
더욱 저미면서 그리워진다
그리움의 풍경
경적을 울어대며
가시는 님 서린 발자욱
이어 맺히며 내린다

석양(夕陽)에 걸린 가을

홍동 백서
차려 놓은 잔치
떠나야 한다
떠나야 한다

석별의 정
나누기 위해
당신을 만나러
가겠소

여전히
넓은 마음
내 마음을
가져갔네그려

손님맞이
밤사이
오색 벽지 도배하고
장판 깔고
당연히 즐길 줄만
알았네그려

눈물겹도록
차려 놓은 만찬

눈으로 먹고
가슴으로 채워 넣기에
바빴네그려

다듬고 씻고
지지고 볶은
그 힘겨움을
몰랐네그려

당연히
취할 줄만 알았지
고맙다 감사하다
건네지 못해
미안타 말밖에
없네그려

떠나가며
남겨준 사랑만
가득가득 채우고만
왔네그려

미안하이
또 봄세
그땐 나도
뭔가를
흠뻑 줘야 할 텐데

- 남이섬 남하공에 다녀와서

내 고향 가을

고즈넉한 들녘
가을이 숨을 들이킨다

정겨운 골목길
포근한 쉼을 얻고

감나무 대추나무
주렁주렁
꽃피는 내 고향

흐느적거리는
황금들녘

코스모스 피어오른
뚝길에서 잠자리채 들고
널뛰기 어린 날에

고추밭에는 서녘 노을이
숨을 쉬던 때

담장 위에 누런 얼룩배기
엄마 품속같이 포근한
행복이 깃들던 곳

어릴 적 동무들
추억이 묻힌 곳

풍성한 내 고향은
가을을 익힌다

시월의 마지막

비범한
매력덩어리
내 맘 고이고이 접어
가지고
너는
어딜 가려 하느냐

야심을 자아내던
노을 진 저 거리
일궈놓고
너는
가려 하느냐

환상의 선혈
섹션 퍼레이드
흔들흔들 강물 위에
조막손 올려놓고

그리운 님
가시는 그 길

순풍 풍랑
굽이 굽이 서린 발자국
보이지나 말지~

막차

가을은 가나니 저무는 날에
낙엽은 지나니 저무는 가을
속없이 우나니 지는 낙엽
속절없이 느끼나니 가는 가을

재촉하는 가을비
해 지고 넘어가는 가을

웃옷을 벗어버린
자작나무
눈물로 함박 쥐어짜며
가는 가을 보내나니

눈 내리는 날

인생들 죄성으로
하늘에서는
그동안 쌓인 아픔이
먹장구름이 되어

한 꺼풀 한 꺼풀씩
흰 가루가 뭉치던 날
예이츠 하이 키키

떡 반죽으로
속죄소 만들고
인생들 완악함
서로서로 비추어
알게 하신다

깊은 시름 깨달음
뉘우치던 날은

의로운 해가 떠올라

거듭남에

탯줄의 지성소

만들고 있다

겨울 여행

고요함이여
적막함이
휘몰아친다

어두워져 가는
저잣거리

어스름이 데려가는구나

기적 소리 울리는
고향열차는

향수도 싣고
사랑도 싣고
이웃사촌들
이런저런
애환도 싣고

많은 추억들
목적지를 향하여
달려가는 사연들

날짐승도
제집 찾아 깃들이고

높이 세워진
누각루 창틀
휘영청 달빛을 걸며

철썩철썩
파도치는 소리
영롱한 별빛
바다 물결 위에
투망을 펼쳐 던져놓고

반짝거리는 은빛 물살
지난 추억
낚시질 하는 나그네

어디선가
비파를 타며
지나온 세월
천년지기의 하얀 눈

내리는 속세
시름 타고
송골송골 맺히는 흔적

회자정리
이내 간장 더욱
애태우는구나

개심사 설경

산새들이 노닐던
인적은 간데없고
깊은 적막감만 펼쳐져 있구나

천년의 백팔 번뇌
하늘은 허허로이
허공을 맞대고

복사꽃처럼 흐드러지게
지피어 있는 외로운 홀로송

수염 고드름 늘어뜨린
동장군 줄줄이 꿰어
풍화 등이 되었네

흰 눈이 되어

멍울 멍울
밤사이
흰 벚꽃으로
피어 있었다

빗방울
화살 꽃
깊고 깊은 밤
옹알이 되어
푹푹 쌓여 있는
세속적인 세상
던져버리고

내 고향 땅
귀퉁 어귀에
굴뚝을 세우고
한 자락 매화꽃으로

초가지붕 밑에
초롱불 밝히며
따뜻한 냄새
밀려오는 부모님

헤어져 있는
그리움을 깁는다

동백꽃 열정

저 맑은 자태
너 참으로 아름답구나

그리움의 열꽃으로
심장은 불타오르고

존귀한 당신님
기다림으로

바닷가에 나가
해뜨기 전부터
노을빛 지기까지

봄소식
오기 전부터
목울대 높여서

지나가는 뱃사공님

우리 님 만나거든

이 내 마음 좀 건네주오

복수초(福壽草)

흰 너울 쓰고
향기를 토하며

알에서 깨어난
보드라운 병아리

별빛 달빛 품속에서
이슬 같은
고귀한 미소

오랜 기다림
추위 속에 떨며

침착하게 서서히
햇살의 좋은
침향 향품을 가지고

애틋한 영혼
고귀한 소망으로
피어오른다.

밤송이

내 몸에
가시만 있다 해서
모든 것이 나쁜 것만은 아닙니다
겉모양은 화려하지 못합니다
관심 끌 만한 구석도 없습니다

어느 누구나
좋은 것만 지닌 것은 아닙니다
겉모양은 화려하지만
속내는
가시덤불이 있습니다

겉은 가까이하기엔 멀지만
내 속마음은 반듯하고
윤기가 납니다

토실하고 정감이 있고
마음만은 비단결입니다

코스모스 1

웃는 얼굴들
하늘을 향하여
찬양드리는
어린 소녀 소년들
합창단원들

피아노 치는
고사리손 엮어낸 모습
오가는
영혼들에게
애틋하게
들려주는 사랑의 한 가락

코스모스 2

낯설은 길
여름자락
진 초록 눈물
뚝뚝 내리던 날
그리움
쏟아지는 여린 맘
급한 마음에 밀려
입을 열지 못하고
웃음으로만
기다리기엔
멀게만 느껴져
곱게 분 단장하고
순결한 마음
얼굴 붉히면서
동산 위에서도
언덕 길가에서도
애끼발 내디딤

반짝이는 새소리
노래 가락에
이내 맘도 실려주오
님 찾아 찾아
그리움에 일찍이 왔노라고

백목련

어둡던 밤하늘
조각 구름 타고 온
촛불 바람

가슴속에 부메랑

간절한 심장박동
순백 저고리
여승의 고깔 머리 춤을 모으며
새 생명 부활 승리 노래

아카시아 꽃 전설

히뽀얀 이 드러내놓고
함박미소 흘러넘칠 때

지난날 못다 한 사랑이야기
꽃피울 때
추억 속에 청사진

푸른 하늘 따다가
실바람 타고 하얀 이 미소 보이며
님의 향취 봄바람 날개
축제 건배 엮던 날

그대와 둘이 손잡고
한 잎 두 잎 꽃잎 사랑
잔디열차 꽃마차
그네 타고 오시는 기쁜 날

장미(薔薇)

추억 속에 젖어
손을 펴 흔드는 초록 잎 무성하니
희망이 엿듣는다
미래를 여는 붉은 장미
담장머리 줄타기

무지개를 펴 정열을 쏟으며
서녘 노을빛 창공을 날아오르며
세월 두께만큼 비밀스런 염문설

불꽃 축제

어두워진 대천 밤하늘
저 먼발치 출렁거리는
파도를 타고

튀밥 튀겨내는
기기 소리
뻥 뻥 소리에 승전고 소리

밤하늘 별들의 행진
꽃을 활짝 피워내면서

승전곡 두둥실
우수수 한 곡조
들어 올린다

꽃바람 실바람
바람몰이 날리고 날리며

또다시 불어오는 바람소리
뻥 뻥 뻥

빨, 주, 노, 초, 파, 남, 보
무지개꽃 활짝 펼쳐내면서

밤하늘 꼬리연
올리고 올리고

그네를 타며
후르르 후르르
내리면서 사라지는
요술 쇼

고사리손 흔들며
잿빛 구름 희망을
펼쳐진 저 자리

방실방실
함성 소리 창공을 탄다

5부

꿈을 먹는 아이들

달을 품은 소녀

맑고 투명한 하늘
낮달은 부드럽게
고운 미소를 짓는다

어두워지는 전령사
밤하늘을 펼치는 달

하얀 눈이 되어
온 천지 세상을
휘영청 밝히는 달

소녀는 자신의
트위터를
달에게 쏘아 올리며

미래를 위해서
별처럼 밤하늘에
수를 놓는다

등대지기

광명한 풀포기
심기어 있네

이 땅 위에는
가시떨기도 있답니다

청소년들이여
그대들은
보드랍고 올곧게
피어나세요

혼탁한 떨기에
찔리지 않도록
조심하시고

그대들의
해맑은 얼굴은
곱게 피어나는
꽃송이랍니다

신음하는
어두운 시대에서도
밤하늘엔 달과 별이
변함없이 순행하듯이

구름 속 위에는
해님 있듯이
스스로 올가미에
묶여 있지 마세요

겨울이 있으면
따뜻한 봄이 온다지요

봄에 피는 영롱한
꽃을 바라보세요

추위 속에 걸어 나온
저 자리가
맑은 꽃으로
피어 있답니나

향기가 나는
진솔한 마음은
그대들 별빛으로
피어나는

이 나라의
꿈과 자랑 등대지기
실크로드랍니다

- 이 나라 보배 청소년들을 위하여

바닷가에서

가족 놀이
넓게 넓게 더 넓게
땅 차지 쌓기 놀이

아빠 손
바쁘게 바쁘게
우리들 손

엄마 아빠 방 만들자
모락모락 피어오르는
엄마 사랑 아빠 사랑

졸다 나온 낮 반달이
부끄러워 부끄러워
우리 가족에게 비추이네

5月

푸른푸른 맑은 하늘
나폴나폴 초록 물결
아름답구나

개나리꽃 진달래꽃
서로서로 길동무 하며
내려온대요

몽실몽실 새털구름
반짝반짝
흰 물결 타고
꿈과 희망 가지고 온대요

그림자

말 못 하는 그림자는
내가 참 좋은가 봐요

언제나 소리 없는 친구
나를 따라다니면서
길동무해요

말 못 하는 바보인가
햇살하고 놀아라
밀치고 달려가면
나보다 앞장서서 달려요

내가 그리 좋으냐!
그럼 내 대신 숙제 좀 해줘

눈이 내린 날

널따랗게 펼쳐진 평원
하얀 눈이
소복 소복이 쌓인 곳에
희망도 싣고 꿈도 싣고

환상의 나라
넓고 넓은 저 맑은
저 맑은 우주 속으로
미움이 없고
다툼이 없는 깨끗한 곳

맘껏 날아보자
멀리멀리 뛰어보자
가슴이 확 트인 그곳

눈이 왔어요

와!!!
간밤에
하나님이
천사들을 시켜서
떡가루를 뿌려놨어요

마법 술
온 천지가 몽올 몽올
예쁜 마음 되라고
송이송이 눈꽃송이
만들어 놓았어요

나뭇가지 위에도
장독대 위에도
바둑이 나와서 뛰어놀아요

나도 좋아서

뛰고 뛰면서

눈송이처럼 예쁘고

맑은 마음 가지면

새처럼 날아다닐 수가 있을까요

봄비 1

비가 추적추적 내려요
활짝 핀 아기 꽃송이들은
비가 내리는 것이 싫은가 봐요
찌푸리면서 서러워 땅으로
굴러떨어져요

연한 순들은 비가 오면 좋아서
살랑살랑 호흡을 하며
아이 좋아라 노래 불러요

봄비 2

토도독 토도독
빗방울이 힘차게 쏟아져요
문 열어달라고 창문을 마구 두들겨요
엄마는 열지 못하게 혼내켜요

추운 데서 벌벌 떨면서 흐느끼는데
엄마는 나에게 착한 사람 되라면서
봄비가 불쌍해요 토도독 토도독

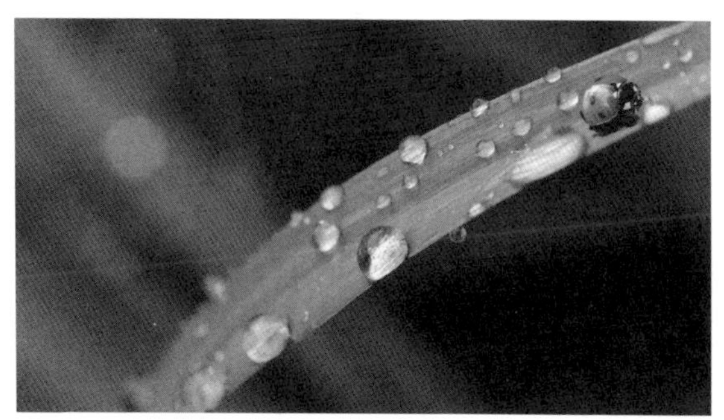

봄 봄

봄 봄 봄 봄에는 꽃이 피네
꽃이 피네
이 동네 저 동네 꽃이 피네

들 들 들에 피는 꽃은
우리 오빠 오고 가는
학교길 피는 꽃이란다

산 산 산에 피는 꽃은
우리 아빠 출퇴근 길에
피는 꽃이란다

가을은 참 예쁘다

단풍잎이 예쁘게 물들이면서

새들도 지저귀는
아름다운 가을 속에서

나는나는 예쁘게 노래 부르면서
춤도 추면서 가을을 즐길래요

단풍잎이 예쁘게 물들이면

산새들이 지저귀며
노래하는 가을 속으로
나는나는 예쁘게 노래 부르면서

춤도 추면서 가을을 즐길래요

단풍잎

나뭇가지에
고추잠자리 노란 나비들이
수없이 많이많이 달려있네요

아무래도 가을이 되니
겨울 잠자리 준비를 하나 봐요

모두모두 날아와서
엄마 아빠 품에 고이고이
잠들어 있어요

봄 바람

높고 높은 파아란
하늘 하늘엔

둥실둥실 떠있는
예쁜 구름들

우리들
마음도 예쁘게
둥실둥실

지나가는 봄 바람에
살랑살랑 예쁜꽃들이
들석들석 방긋방긋
미소 지어 주어요

우리들 마음도
파릇파릇 신비스럽게
즐거워 즐거워
의쓱 의쓱
춤을 추면서 자라납니

해바라기

해님을 닮았다
동쪽에서 서쪽으로
넘어가는 모양도 닮았다

나는
우리 아버지 닮았다
남동생은 우리 엄마 닮았다

해바라기는
아버지가
해님인가 보다